BEI GRIN MACHT SICH IHR WISSEN BEZAHLT

Lukas Lohmer

Dystopie: Begriffsklärung und -anwendung

GRIN Verlag

Bibliografische Information der Deutschen Nationalbibliothek:

Die Deutsche Bibliothek verzeichnet diese Publikation in der Deutschen National-
bibliografie; detaillierte bibliografische Daten sind im Internet über http://dnb.d-
nb.de/ abrufbar.

Impressum:

Copyright © 2012 GRIN Verlag GmbH
Druck und Bindung: Books on Demand GmbH, Norderstedt Germany
ISBN: 978-3-656-38078-8

Dieses Buch bei GRIN:

http://www.grin.com/de/e-book/209888/dystopie-begriffsklaerung-und-anwendung

GRIN - Your knowledge has value

Der GRIN Verlag publiziert seit 1998 wissenschaftliche Arbeiten von Studenten, Hochschullehrern und anderen Akademikern als eBook und gedrucktes Buch. Die Verlagswebsite www.grin.com ist die ideale Plattform zur Veröffentlichung von Hausarbeiten, Abschlussarbeiten, wissenschaftlichen Aufsätzen, Dissertationen und Fachbüchern.

Besuchen Sie uns im Internet:

http://www.grin.com/

http://www.facebook.com/grincom

http://www.twitter.com/grin_com

UNIVERSITÄT
KOBLENZ · LANDAU

Universität Koblenz-Landau, Campus Koblenz

Studiengang: BA Kulturwissenschaft

Wintersemester 2010/2011

31.07.2012

V wie Vaterland – Eine vergleichende

Dystopiebetrachtung

Verfasser: Lukas Lohmer, (6. Semester)

Inhaltsverzeichnis

1. Einleitung

Die Welt wird am 21.12.2012 untergehen. Zumindest wenn man dem Maya-Kalender, der zu diesem Zeitpunkt endet, bzw. Anhängern der Theorie, dass dies gleichbedeutend mit dem Weltuntergang ist, Glauben schenkt. Und selbst wenn dieser Tag nicht das Ende der Welt markiert, so ist es doch nur eine Frage der Zeit. Atomare Aufrüstungen allerorts. Umweltverschmutzung, die zu einem Anstieg der Erderwärmung führt, was wiederum zahlreiche Lebewesen umbringen und unbändige Naturkatastrophen heraufbeschwören wird. Unaufhaltsames Voranschreiten der Technik, die wir irgendwann nicht mehr kontrollieren können, bis sie sich schließlich gegen uns wendet. Alles nur eine Frage der Zeit. Aber wir wurden gewarnt. Schon seit Jahrzehnten haben Autoren auf der ganzen Welt versucht, mit ihren düsteren Zukunftsvisionen auf die wahrscheinlichen Konsequenzen unseres gegenwärtigen Handelns aufmerksam zu machen. In ihren Werken prophezeien sie die Auswirkungen von Diktaturen, Kriegen, Umweltkatastrophen und rasantem, unkontrollierbaren technischen Fortschritts. Die Zukunft ist scheinbar nichts, worauf wir uns freuen können. Wir schauen nicht mehr optimistisch nach vorne, mit dem Ziel irgendwann paradiesische Zustände auf Erden vorzufinden. Die Träumereien sind vorbei, die Utopie ist tot. Es lebe die Dystopie!

Genau davon soll diese Arbeit handeln: Dystopien. Dabei geht es allerdings weniger um die Apokalypse und das Ende der Welt, sondern um totalitäre Regime, die zwar nicht das Ende der Menschheit, aber, in ihrem jeweiligen Kontext, das Ende der Menschlichkeit darstellen. Der Fokus liegt hierbei auf zwei filmischen Dystopien, die beide eben diese Thematik behandeln. Die eine führt ein realgeschichtliche Epoche kontrafaktisch weiter und untersucht, auf einem Roman basierend, was gewesen wäre, wenn. Die andere basiert auf einem Comic und orientiert sich mitunter ebenfalls an dieser Epoche, ist aber in einem fiktiven, zukünftigen Rahmen angelegt. Erstere Dystopie trägt den Namen „Vaterland" und beschäftigt sich mit der Vorstellung, wie sich Deutschland bzw. Europa entwickelt hätte, wenn Adolf Hitler siegreich aus dem zweiten Weltkrieg hervorgegangen wäre. Letztere Dystopie ist unter dem Titel „V wie Vendetta" bekannt und handelt von einem futuristischen England, das unter der Herrschaft eines totalitären Regimes zu einem dystopischen Ort verkommen ist. Dabei werden ausschließlich die jeweiligen Verfilmungen behandelt, nicht die literarischen Vorlagen. Dies geschieht, um eine bessere Vergleichbarkeit zu ermöglichen. Ein Vergleich der jeweils unterschiedlichen Medien „Comic" und „Roman" bzw. „Comic"/„Roman" hätte eine besondere Berücksichtigung der jeweiligen medialen Besonderheiten erfordert, was einem einheitlichen Vergleich nicht zuträglich gewesen wäre.

In dieser Seminararbeit soll es darum gehen, einen kurzen Überblick über den Begriff der Dystopie zu erhalten. Nachdem ich einleitend eine grundlegende Einführung zu dem Oberbegriff der Utopie gegeben habe, werde ich zu der gegenteiligen Thematik der Dystopie übergehen. Dabei werde ich versuchen, genau zu erläutern, was eine Dystopie überhaupt ist, d.h. ich gehe den Fragen nach, woher diese Bezeichnung kommt, was eine Dystopie auszeichnet, wie sich die literarische Gattung der Dystopie entwickelt hat, wie sie sich aufbaut und welche Motive sie in der Regel thematisiert. Anschließend werden die gewonnen Erkenntnisse konkret auf die vorgestellten Dystopien angewendet. Dabei soll keine detaillierte Filmanalyse stattfinden, sondern vielmehr eine hermeneutische[1] Untersuchung, ausschließlich bezogen auf die jeweiligen dystopischen Charakteristika. Die theoretische Grundlage dafür, liefert Knut Hickethier, der in „Film- und Fernsehanalyse" hermeneutische Analysegrundlagen vorstellt, an denen sich hier orientiert wird, die aber nicht als starr abzufragende Muster, sondern viel mehr als Hilfsmittel, verstanden werden. Anstatt theoretische Konzepte vorzustellen und Analysemuster darzulegen, soll hier eher diskursanalytisch, d.h. auf die jeweiligen, dystopischen Merkmale bezogen, gearbeitet werden. Abschließend wird ein Vergleich beider Dystopien erfolgen, d.h. es wird ein fiktives, totalitäres Regime, das von realen Ereignissen inspiriert wurde, mit einem explizit auf realen Ereignissen aufbauenden, totalitärem Regime verglichen. Infolgedessen werden Gemeinsamkeiten und Unterschiede der jeweiligen Darstellungsweisen der politischen Situation geschildert und es wird untersucht, wie typisch dystopische Muster in beiden Dystopien verarbeitet werden.

Ich habe absichtlich davon Abstand genommen, Dystopien auszuwählen, die in wissenschaftlichen Arbeiten schon zahlreich behandelt wurden. Zwar finden bekannte Werke wie „1984" von George Orwell oder Evgeni Samjatins „Wir" durchaus Beachtung, allerdings werden sie, aus einem Mangel an neu zu gewinnenden Erkenntnissen, nicht in den analytischen Teil eingebunden. Aus diesem Grund beschäftigt sich die Arbeit in ihrem Hauptteil mit zwei Dystopien, die von wissenschaftlicher Seite aus zwar bisher eher weniger Aufmerksamkeit erhalten haben, aber dennoch großes Potential für einen erkenntnisreichen Dystopievergleich aufweisen.

---

[1] Hickethier, Knut: Film- und Fernsehanalyse, 1996, S.32ff.

4

2. Definitionen

Bevor der Begriff der „Dystopie" behandelt werden kann, muss erst kurz darauf eingegangen werden, was unter dem Begriff „Utopie" verstanden wird.

2.1. Utopie

Auch wenn er sich in den alltäglichen Sprachgebrauch als politischer Kampfbegriff eingebürgert hat, der die Pläne eines gegnerischen Politikers als absurd, realitätsfern und träumerisch abwertet, darf man sich davon nicht allzu sehr blenden lassen bzw. die literaturwissenschaftliche Definition der Utopie missverstehen. Denn diese bezeichnet die Utopie als literarisch erschaffenen, idealen oder idealisierten Staat[2]. Dabei sollte grundlegend zwischen der „Raum-Utopie" und der „Zeit-Utopie" unterschieden werden.[3] Während sich die „Raum-Utopie" auf einen (fiktiven) Ort in der Gegenwart, zum Zeitpunkt der Publikation, bezieht, verweist die „Zeit-Utopie" auf die utopische Zukunft der jeweiligen Gesellschaft.[4] Letzteres bildet so auch die Grundlage dessen, was wir heute als „Science-Fiction" kennen.

Allerdings ist die Verwendung des Begriffs „Utopie" im Bezug auf idealisierte Staatsgebilde nicht komplett unproblematisch. Schließlich drückt der Begriff, der dem griechischen Wort ou-topos (= Nicht-Land)[5] entsprungen ist, im Prinzip nur aus, dass der vorgestellte Staat (noch) nicht real existiert, eben ein Nicht-Land bzw. -Ort ist. Angebrachter wäre da die Formulierung „Eutopie", von eu-topus (Schön-Land)[6], die impliziert, dass es sich um ein positives Konstrukt handelt. Teilweise ist es so, dass die Eutopie die Utopie in bestimmten wissenschaftlichen Beiträgen ersetzt hat und die Utopie quasi als Übergriff der eutopischen bzw. dystopischen Literatur gebraucht wird[7]. Andererseits wird der Begriff „Utopie" aber auch als Kombination der griechischen Ursprungsbegriffe verstanden. Denn genau daraus soll der begriffsgebende Utopie-Pionier Thomas Morus den Titel „UTOPIA" seines 1516 veröffentlichten Roman zusammengesetzt haben.[8] In dem Fall macht die Verwendung des Begriffs „Utopie" wieder Sinn und aufgrund der allgemein gebräuchlichen Verwendung, wird im Folgenden, wenn von einer Utopie die Rede ist, immer sowohl ein fiktiver, als auch idealisierter Ort, gemeint sein.

---

[2] Vgl. Erzgräber, Willi: Utopie und Anti-Utopie, 1985, S. 13
[3] Vgl. Ebd. S.14f.
[4] Vgl. Ebd.
[5] D.h. ein nicht real-existierender Ort
[6] D.h. ein Staat bzw. eine Gesellschaft mit Idealcharakter
[7] Vgl. Meyer, Stephan: Die anti-utopische Tradition, 2001
[8] Vgl. Haufenschild, Thomas; Hanenberger, Nina: Literarische Utopien und Anti-Utopien, 1993, S.5

Der inhaltliche, nicht begriffliche Ursprung, geht derweil sogar bis auf Platon zurück, der in „Politeia" den, seiner Meinung nach, optimalen Staat beschreibt. Neben Platon und dem humanistischen Werk von Morus, gelten vor allem „Der Sonnenstaat" (1623) von Tommaso Campanella und „Neu-Atlantis" (1627) von Francis Bacon als die maßgeblichsten Werke auf diesem Gebiet. Dabei stellt die utopische Literatur deutlich mehr dar, als nur die schwärmerische Phantasie eines perfekten Staates. Sie ist auch immer als Produkt ihrer Zeit zu verstehen und dementsprechend als Kritik an den damalig herrschenden Zuständen. Sie liefert mitunter Lösungsvorschläge, „sie ist die Kritik dessen, was ist, und die Darstellung dessen, was sein soll" [9], kann als eine idealistisch-verlängerte Darstellung der Realität verstanden werden [10] und drückt zukünftige Hoffnungen, aber auch aktuelle Ängste aus.

2.2. Dystopie

2.2.1. Begriffserklärung

Zwar kann in dieser Arbeit keine vollständige Übersicht bzw. keine detaillierte, begriffliche Abgrenzung erfolgen, dennoch muss erklärt werden, warum hier der Begriff der „Dystopie" dem der „Anti-Utopie" vorgezogen wird.

Beide Begriffe werden einerseits oft synonym füreinander verwendet, ohne inhaltliche Differenzierungen vorzunehmen [11], andererseits gibt es aber auch zahlreiche Versuche, beide Begriffe voneinander abzugrenzen: Mal wird die Dystopie als Utopiekritik mit parodistischen Elementen verstanden [12], mal unterscheiden sich Dystopie und Anti-Utopie dadurch, dass die Dystopie einen pessimistischen Zukunftsentwurf der aktuellen Gesellschaft des Lesers zeichnet, während die Anti-Utopie Kritik an einer bestimmten literarischen Utopie übt [13], im Sinne einer „literarischen Negation literarisch-utopischer Idealstaaten." [14], mal wird der Dystopie-begriff grundsätzlich als ungeeignet bezeichnet. [15] Auch wenn die Ablehnung des Begriffs der Dystopie nur bedingt sinnvoll erscheint, liefert Stephan Meyer in seiner Dissertation „Die anti-utopische Tradition" eine umfangreiche Darstellung der verschiedenen Definitionen von Gegenutopien. Dennoch ist der Begriff der „Dystopie", vor allem auch im Bezug auf die vorliegenden literarischen Texte bzw. den daraus entsprungenen Verfilmungen, am besten geeignet. Deswegen wird sich hier auf den Abgrenzungsversuch von Sargent bezogen [16], unter Berücksichtigung der Argumentation von Hartmut Weber, der proklamierte, dass eine Dystopie als

---

[9] Horkheimer, Max: Die Utopie, 1968, S.178ff.
[10] Vgl. Ahrbeck, Rosemarie: Morus - Campanella – Bacon, 1977, S.29
[11] Vgl. Erzgräber, Willi: Utopie und Anti-Utopie, 1985, S.19
[12] Vgl. Zeißler, Elena: Dunkle Welten, 2008, S. 17
[13] Vgl. Sargent, Lyman Tower: Faces of Utopianism Revisited, 1994, S. 9ff.
[14] Meyer, Stephan: Die anti-utopische Tradition, 2001, S. 32
[15] Vgl. Ebd.
[16] Dystopie als warnendes Schreckensbild einer potentiell möglichen Gesellschaftsentwicklung; Anti-Utopie als literarische Kritik an entworfenen positiven Utopien.

charakteristisches Merkmal einen Protagonisten aufweist, der in der gezeichneten Gesellschaft kein Außenstehender ist und, von außen, einen theoretisch objektiven Blick auf die Gesellschaft werfen kann, sondern ein Außenstehender innerhalb der Gesellschaft, der direkt unter dem bestehenden System zu leiden hat.[17] Dies trifft auch auf die Protagonisten in „Vaterland", sowie „V wie Vendetta" zu. Zwar gibt es noch zahlreiche weitere Bezeichnungen[18], Definitionen und Wortneuschöpfungen, die in verschiedensten wissenschaftlichen Veröffentlichungen und Diskussionen zu dieser Thematik eine Rolle spielen und mal mehr, mal weniger geeignet scheinen, allerdings muss sich im Rahmen dieser Arbeit auf die wohl am ehesten gebräuchlichen Begriffe verständigt werden, zwischen denen nun auch nur eine oberflächliche, aber für unsere Zwecke ausreichende Abgrenzung geliefert werden konnte.

Zusammenfassend lässt sich sagen, dass die Dystopie hier als „Entwurf einer hypothetisch möglichen negativen Welt [...], die in zeitlicher Projektion und Perfektionierung von kritisch beurteilten, negativen Entwicklungstendenzen der zeitgenössischen Wirklichkeit eine idealtypisch vollendete, negative Modellwelt versinnlicht."[19]

2.2.2. Geschichte

Als Gegenentwurf zur Utopie, begann in den 1920er Jahren der Aufstieg der Dystopie.[20] Dies hing vor allem mit einem wachsenden kritischen Bewusstsein der Menschen gegenüber technischen und wissenschaftlichen Neuerungen zusammen. Der Alltag konnte zwar zunehmend einfacher bewältigt werden, aber ein humanerer Umgang miteinander blieb aus und die großen Probleme der Menschheit wurden nicht gelöst, sondern sogar noch verschlimmert.[21] Fortschritt wurde nicht mehr nur positiv bewertet, sondern, auch im Zusammenhang mit dem verbesserten Einsatz von Technik im ersten Weltkrieg, überaus kritisch beäugt, mit der Befürchtung, er könne nicht nur weder die Probleme der Menschheit lösen, sondern möglicherweise sogar zu ihrer völligen Auslöschung führen.[22] Des Weiteren wuchs, auch durch die Oktoberrevolution in Russland, die Angst vor totalitären Schreckensherrschaften und uniformen, gleichgeschalteten Gesellschaften.

Die antizipierten Gefahren wurden schließlich in verschiedenen negativen Gesellschaftsentwürfen zum Ausdruck gebracht. Man zeichnete zunehmend Lebenswelten, in denen sich die damals aktuellen Befürchtungen als verwirklicht herausstellten. Ein Gegenentwurf zu den optimistisch-idealistischen

---

[17] Vgl. Hartmut Weber: Die Außenseiter im anti-utopischen Roman, 1979
[18] Gegenutopie, devolutionistische Utopie, Mätopie, pessimistische Utopie, Schreckbilder
[19] Affeldt-Schmidt, Birgit: Fortschrittsutopien, 1991
[20] Evgeni Samjatins „Wir" (1920) gilt dabei als wegbereitend.
[21] Vgl. Saage, Richard: Politische Utopien, 2000, S. 264ff.
[22] Vgl. Ebd.

Zukunftsvorstellungen der Utopie, also die Dystopie, als fiktiv-entlarvende, warnende Gesellschaftskritik[23]. Sie ist der Entwurf einer zukünftigen Welt, die deutlich schlechter ist als die tatsächliche Wirklichkeit. Eine hypothetische Realität bzw. negative Modellwelt, idealtypisch vollendeter Entwicklungstendenzen.[24]

Zwar gilt Evgeni Samjatins Roman „Wir" (1920) oftmals als erste Dystopie, dennoch finden sich schon vor Samjatin dystopische Tendenzen, in verschiedenen Zukunftsromanen. Der bereits 1863 geschriebene, aber erst 1994 veröffentlichte Roman von Jules Verne, mit dem Titel „Paris im 20. Jahrhundert" zeichnet bereits ein mitunter prophetisches Bild, eines im Jahre 1960 existierenden, hochtechnisierten, anti-kulturellen Paris. Auch der, durch zahlreiche Verfilmungen sehr bekannte Zeitreiseroman „Die Zeitmaschine" von H.G. Wells, weist durch seine satirische Gesellschaftskritik und die dargestellten, negativen Menschheitsentwicklungen, eindeutig dystopische Merkmale auf. 1932 und 1949 erschienen mit „Schöne neue Welt" von Aldous Huxley und „1984" von George Orwell, die, neben Samtjatins „Wir" wohl am meisten rezipierte und diskutierten Werke der dystopischen Literatur. Allerdings endete die Dystopie-Entwicklung dort natürlich nicht. Bis zum heutigen Zeitpunkt spielen dystopische Zukunftsentwürfe, sowohl in der Literatur als auch in der Filmwelt eine bedeutende Rolle, wie sich zum Beispiel an den beiden noch zu betrachtenden Dystopien „Vaterland" und „V wie Vendetta" erkennen lässt.

2.2.3. Aufbau

Elena Zeißler hat in ihrer Dissertation „Dunkle Welten. Die Dystopie auf dem Weg ins 21. Jahrhundert" verschiedene Gattungskonventionen klassischer Dystopien aufgestellt.[25] Zum Aufbau bemerkt sie, dass klassische Dystopien linear erzählt und in einen fiktiven, totalitären Staat versetzt werden.[26] Die jeweils geschlossenen Gesellschaften bzw. der dahinter stehende Staatsapparat, vermittelt jedoch den Anspruch, eine verwirklichte Utopie darzustellen, negiert aber prinzipiell Freiheit und Selbstbestimmtheit. Während in der klassischen Utopie meist ein Reisender als Außenstehender in die „utopische Welt" hineinblickt, ist es in der klassischen Dystopie ein Mitglied der Gesellschaft, ein persönlich betroffener, eigentlich durchschnittlicher Protagonist, der nicht Außenstehender ist, aber zum Außenseiter wird, da ein aufkommender Erkenntnisprozess[27] ihn zu einer subversiv handelnden Figur werden

---

[23] Vgl. Haufenschild, Thomas; Hanenberger, Nina: Literarische Utopien und Anti-Utopien, 1993, S.6

[24] Vgl. Affeldt-Schmidt, Birgit: Fortschrittsutopien, 1991, S. 35.

[25] Vgl. Zeißler, Elena: Dunkle Welten. Die Dystopie auf dem Weg in 21. Jahrhundert, 2008, S.22ff.

[26] Ebd. 28ff.

[27] Dieser Prozess kann durch verschiedene Faktoren ausgelöst werden, bspw. durch sukzessiv aufkommende Skepsis, die zu intensiven Recherchen und schließlich der erwähnten Erkenntnis führt oder durch eine Liebesgeschichte bzw. eine Partnerschaft die womöglich im bestehenden System als verboten gilt.

lässt, woraus schließlich Konflikte mit dem Staat resultieren.[28] Spätestens nach der Erkenntnis des Protagonisten, wird das System als unterdrückende, totalitäre Dystopie entlarvt und verliert jeden potentiell utopischen Charakter. Die entlarvte Dystopie wird infolgedessen erklärt und dekonstruiert, was eine (ganzheitliche oder individuelle) Revolution oder depressive Resignation zur Folge haben kann.

2.2.4. Motive

In seiner „Typologie anti-utopischen Schreibens"[29] stellt Stephan Meyer klassische Motive der dystopischen Literatur dar. Dabei sind vor allem drei der aufgelisteten Merkmale relevant, da sie seit jeher zu den zentralen Elementen der Dystopien gezählt werden können. Dabei handelt es sich um Isolation, Statik und Kollektivismus. Im Folgenden werden u.a. diese Merkmale skizziert, um einen groben Überblick über den Aufbau einer Dystopie zu erhalten.[30]

Die Formel einer gut funktionierenden Gesellschaft basiert in allen Utopien auf dem Grundprinzip der gleichzeitig geschlossenen Gesellschaft, sprich auf dem Prinzip der *Isolation*.[31] Grund dieser hermetischen Isolation utopischer Staaten ist einerseits die Angst vor Unwägbarkeiten und möglichen externen Störfaktoren, andererseits aber auch die Befürchtung, dass sich die grundsätzlich schon komplexen Utopiegebilde, ohne Abriegelung nach außen, ins unermesslich Komplexe entwickeln würden.[32] Positiv formuliert könnte man diese Abriegelung allerdings auch als Unabhängigkeit beschreiben. Diese autarken Staatsformen laufen allerdings stets Gefahr in die Richtung einer restriktiven Isolation abzudriften, immer begleitet von totalitären bzw. rassistischen Tendenzen.

Eine in sich einheitliche, nach außen geschlossene Gesellschaft, ist dabei nicht selten zur *Statik* verdammt. „So ist ein weiteres gemeinsames Strukturelement aller Utopien […] der Mangel an Wandel, sie bleiben als Ganzes ein perpetuum immobile."[33] Was in Utopien als Grundlage für eine ewig friedliche, vollkommene Gesellschaft, die ihren Idealzustand erreicht hat, angesehen wird, in der Fortschritt jedoch nur auf technischer, nicht aber gesellschaftlicher, kultureller oder politischer Ebene angestrebt wird, verkommt in der Dystopie zu einer leblosen Gebilde, nahe an den Idealbildern tatsächlich totalitärer Regime, die ebenfalls eine Art Endzustand anstrebten.[34] Die

---

[28] Vgl. Zeißler, Elena: Dunkle Welten, 2008, S.28ff.
[29] Meyer, Stephan: Die anti-utopische Tradition, 2001, S.33
[30] Es muss darauf hingewiesen werden, dass die Motive in Utopien und Dystopien oft grundlegend ähnlich sind, die aber im Hinblick auf dystopische Literatur kritisierend ins Negative gekehrt, satirisch-warnend karikiert oder pessimistisch überzeichnet werden. (Vgl. Meyer, S.33)
[31] Vgl. Ebd. S.39
[32] Vgl. Ebd.
[33] Ebd., S.40
[34] Vgl. Schäfer, Martin: Science-Fiction als Ideologiekritik, 1977, S.50

fehlende Dynamik lässt die Gesellschaft zu einer geschichtslosen Photographie erstarren.[35] Samjatin selbst fasste die Kritik an einem möglichen Endzustand prägnant zusammen: „Es gibt keine letzte Revolution, die Anzahl an Revolutionen ist unendlich."[36] Jenes zwanghafte Festhalten an einer konkreten Ordnung hat immer die Einrichtung eines Machtapparats zur Folge, der manipuliert oder unterdrückt, um kleinste, anfängliche Abweichungen des Systems zu erkennen und im Keim zu ersticken. Die in Utopien geläufige Auffassung einer sinnvollen, positiven Statik, gibt Dystopien die Gelegenheit, sie als naiv zu verspotten und auf die Gefahren einer passiven Einheitlichkeit bzw. eines aufgezwungen Konsens hinzuweisen. So geschehen bspw. in Samjatins „Wir" und Orwells „1984".[37]

Im utopischen Roman ist ein derartiger Konsens nur aufgrund eines strengen *Kollektivismus* zu realisieren, d.h. das Individuum hat sich dem Wohl der Gemeinschaft unterzuordnen. Das gesamtgesellschaftlich vorgegebene Werte- und Normensystem muss von jeder Person verinnerlicht und geteilt werden. Dies ist ein Grundelement des idealistischen Gesellschaftssystems im utopischen Roman.[38] Die Entindividualisierung des Menschen lässt ihn zu einem von Konformismus definierten „Gattungswesen" werden.[39] Gleiche Moralvorstellungen bzw. gleiche Vorstellung im Bezug auf politische Fragen, sowie das komplette gesellschaftliche Zusammenleben sollen dazu führen, Widerstand, Aufruhr und Revolution zu vermeiden, sowie eine permanenten Festigung der utopischen Staatsordnung zu gewährleisten. Glück und Zufriedenheit der Bevölkerung sind im utopischen Roman planbar, de facto bedingen sie immer die Unterordnung der Masse oder gezielter Manipulation.[40] Durch das in Dystopien häufige Einführen eines Außenseiters, der von außen auf das System blickt, wird die Tendenz solcher Systeme zur totalitären Schreckensherrschaft deutlich. Ein kollektivistisches Ideal, dass die Grundlage eines vermeintlich utopischen Staates darstellt, fordert dementsprechend die Bekämpfung sämtlicher abweichender Gedanken oder Handlungen. Systematische Überwachungen, drakonische Strafen und gezielte Manipulation sind die Folge, d.h. eine konsequente Unfreiheit. In den drei klassischen Dystopien, „Wir", „1984" und „Schöne neue Welt" finden sich jeweils derartige Faktoren wieder.

Elena Zeißler weist zusätzlich auf ein weiteres Hauptmotiv hin, auf jenes der umfassenden Kontrolle.[41] Dies lässt sich u.a. bei „1984" von George Orwell vorfinden, wo der „große Bruder" als allsehendes Auge des Staatsapparats agierend, nahezu

---

[35] Vgl. Ebd.
[36] Wagga, Warren: H.G. Wells and the World State, 1961, S252f.
[37] Meyer, Stephan: Die anti-utopische Tradition, 2001, S.41
[38] Vgl. Walsh, Chad. From Utopia To Nightmare, 1962, S.149
[39] Vgl. Ebd., S.177
[40] Vgl. Meyer, Stephan: Die anti-utopische Tradition, 2001, S.42
[41] Vgl. Zeißler, Elena: Dunkle Welten, 2008, S.24ff

jeden Moment im Leben der Bürger überwacht. Als grundsätzliche Kontrollwerkzeuge können die Indoktrination über die Medien, ein komplex-holistisches Überwachungssystem, spezielle Drogen oder das bereits vorgestellte Motiv der Isolation herhalten.[42]

Ähnlich wie die klassischen Dystopien, thematisieren zeitgenössische, post-moderne Dystopien das Verhältnis zwischen der Unterdrückung des Menschen, durch gesellschaftsregulierende Maßnahmen, und der individuellen Freiheit.[43] Allerdings sind die Strategien zur Unterdrückung und systematischen Machtausweitung mit der Zeit immer komplexer geworden. Es wird zwar weiterhin versucht, die Menschen durch mediale oder konsumorientierte Übersättigung zu kontrollieren – „mit gleichzeitiger gezielter Desinformation, gewollter Frustration und kanalisierter Aggression"[44] – allerdings werden die Bürger auch direkt und, wenn nötig, gewaltsam in ihrer Freiheit beschnitten.[45] Dabei machen die dystopischen Gesellschaften auf den ersten Blick meist sogar einen, als reales Gesellschaftssystem, akzeptablen Eindruck, was mit fehlenden einzelnen Machtpersonen und weniger offensichtlichen Bedrohungen zusammenhängt.[46] Durch die Abwesenheit eines konkreten Feindbilds wird ein Kampf aber erschwert. Denn: „Ohne erkennbaren Gegner, gibt es keine Möglichkeit sich zu verteidigen."[47] Als weitere Motive der zeitgenössischen Dystopie, gelten zunehmend technisch-wissenschaftliche Schreckensbilder, die Einsamkeit als Teil einer gleichgeschalteten Masse, die Entemotionalisierung des Menschen und das gleichzeitige Verlieren der menschlichen Natur bzw. das Entfernen von sich selbst.[48]

3. V wie Vendetta

„V wie Vendetta" ist ein englischsprachiger Film, der unter der Regie von James McTeigue gedreht und 2006 veröffentlicht wurde. Er basiert auf den gleichnamigen Comics von Alan Moore und David Lloyd.

3.1. Handlung

Der Film spielt in London, im Jahre 2030. Großbritannien wird von dem autokratischen Großkanzler Adam Sutler geführt und hat sich zu einem faschistischen, totalitären Staat entwickelt.

---

[42] Vgl. Zeißler, Elena: Dunkle Welten, 2008, S.24ff.
[43] Dierchomai Dystopie, S.55.
[44] Ebd. S.55
[45] Vgl. Ebd.
[46] Ebd.
[47] Ebd.
[48] Ebd. S.56

Evey Hammond, die Protagonistin des Films, arbeitet für das British Television Network. Ein Fernsehsender, der wie alle anderen Medien, der Kontrolle des Staates unterliegt. Die junge Frau entkommt einer Vergewaltigung durch Mitglieder der Geheimpolizei, durch das Eingreifen eines, mit einer Guy Fawkes-Maske verkleideten, Vigilanten, der sich „V" nennt. Er bringt sie auf das Dach eines Gebäudes, um mit ihr zusammen die Zerstörung des zentralen Strafgerichtshofs, auch als „Old Bailey" bekannt, anzuschauen. Verantwortliche der Norsefire-Partei erklären via TV, dass es sich bei der Zerstörung des Gebäudes um eine kontrollierte Sprengung gehandelt habe, was V allerdings als Lüge enttarnt, da es ihm gelingt, die staatlichen Fernsehanstalten zu übernehmen. Er nutzt die Gelegenheit zu den Bürgern des Landes zu sprechen und fordert sie auf, sich der Regierung zu widersetzen und sich mit ihm in einem Jahr, am 5. November, vor dem Westminster-Palast (House of Parliament) zu treffen. Evey revanchiert sich bei V für seine Hilfe und unterstützt ihn bei seiner anschließenden Flucht. Infolgedessen verliert sie aber das Bewusstsein und kommt erst in Vs Unterkunft wieder zu sich, wo er ihr mitteilt, dass sie, zu ihrer eigenen Sicherheit, bis zum 5. November des kommenden Jahres dort bleiben müsse.

Im Laufe der Zeit erfährt Evey, dass V es auf verschiedene Führungspersonen des Regimes abgesehen hat, mit dem Plan diese zu töten. Evey gelingt die Flucht aus Vs Versteck, woraufhin sie bei ihrem ehemaligen Chef, dem TV-Star Gordon Deitrich unterkommt. Um Eveys Vertrauen zu gewinnen, weiht Deitrich sie, während einer Führung durch sein Haus, in ein Geheimnis ein. So besitzt er diverse Besitztümer, die eigentlich von der Regierung verboten wurden. Darunter Malereien einiger progressiver Künstler, der Koran und homoerotische Fotos. Deitrich erklärt ihr, dass er bisher versucht war, seine sexuelle Orientierung zu verstecken, weswegen er Evey in der Vergangenheit auch bereits zu einem romantischen Date eingeladen hatte.

Eines Abends parodiert Gordon Dietrich den Kanzler live während seiner Fernsehshow. Sich nicht den Folgen über diese satirische Einlage bewusst, werden Deitrich und Evey in seinem Haus von der Geheimpolizei gefangen genommen. Evey wird über eine unbestimmte Zeit hinweg gefoltert und über V ausgefragt. Schließlich wird Evey mitgeteilt, dass man sie hinrichten werde, es sei denn sie verrate umgehend den Aufenthaltsort von V. Erschöpft erklärt sie, dass sie lieber sterben werde. Überraschenderweise wird sie daraufhin entlassen. Schockiert stellt sie fest, dass sie nicht von der Regierung gefangen gehalten wurde, sondern von V, der ihre Gefangenschaft dazu nutzen wollte, um sie von sämtlichen Ängsten zu befreien. Außerdem bringt sie in Erfahrung, dass Gordon Dietrich getötet wurde, da man herausfand, dass er eine Ausgabe des Korans besaß.

Ihr anfänglicher Hass auf V, für die Folter, die er ihr angetan hat, wandelt sich und sie realisiert, dass sie sich tatsächlich stärker und freier im Geiste fühlt. Sie verlässt V erneut, aber dieses Mal mit dem Versprechen, noch vor dem 5. November zu ihm zurückzukehren.

Scotland Yards Chefinspektor Finch findet derweil heraus, wie es der Norsefire-Partei überhaupt gelang, an die Macht zu kommen. Vor vierzehn Jahren brachen die USA zusammen, da sie Opfer eines Biowaffen-Anschlags wurden, den der jetzige Kern der Noresire-Partei plante und ausführte, woraus ein Bürgerkrieg im mittleren Westen der USA resultierte. Diese Entwicklungen führten zu chaotischen Zuständen, von denen auch Großbritannien betroffen war. Mit einer reaktionären, politischen Säuberung gelang es Norsefire „Ordnung wiederherzustellen". Staatsfeinde, d.h. jeder, der nicht dem „Reinheitsanspruch" der Partei entsprach, verschwand plötzlich. Das Land teilte sich in zwei Lager, bis ein Biowaffen-Anschlag auf eine Schule, eine Trinkwasseraufbereitung und eine U-Bahnstation, die Menschen in eine derartige Angst versetzte, dass die Norsefire-Partei die anstehenden Wahlen klar gewannen und unter Leitung des Kanzlers Adam Sutler das Land in einen totalitären Staat umfunktionierten. Einer pharmazeutischen Firma, mit enger Verbindung zu Norsefire, gelang es, eine Heilung für den Virus, welcher durch den bio-terroristischen Anschlag freigesetzt wurde, zu entwickeln. Inspector Finch kommt schließlich zu dem Schluss, dass Sutler und sein jetziger Sicherheitschef, Peter Creedy, die Drahtzieher hinter der Katastrophe waren, um an die Macht zu gelangen. Sie entwickelten den Virus dank Experimenten mit „von der Norm abweichenden" Gefangenen. Zu diesen gehörte auch V, der, im Gegensatz zu den restlichen Insassen, besondere Fähigkeiten erlangen konnte, weswegen ihm die Flucht gelang, als das Zentrum in Larkhill zerstört wurde. Finch wird klar, dass die kürzlich stattgefunden Morde an wichtigen Mitgliedern der Norsefire-Partei auf das Konto von V gehen, der sich an denjenigen rächt, die in die Experimente in Larkhill verwickelt bzw. dafür verantwortlich waren.

Kurz vor dem 5. November scheinen die verschiedenen Maßnahmen Vs, die Bevölkerung gegen die Regierung zu mobilisieren, erfolgreich zu sein. Es entsteht erneut Chaos und viele Bürger beginnen, die Regentschaft der Partei zu hinterfragen. V organisiert tausende Guy Fawkes-Masken, die er unter den Protestanten verteilt.

Am Abend des 4. Novembers besucht Evey V, der ihr einen Zug in dem verwaisten Londoner U-Bahnsystem zeigt. Dieser Zug ist mit Sprengstoff gefüllt und soll dazu dienen das Parlament in die Luft zu jagen. Er überlässt Evey die Entscheidung, ob sie den Zug benutzen möchte oder nicht. Er selbst trifft sich mit Peter Creedy, der mit V eine Vereinbarung getroffen hat: Wenn V sich ergibt, bekommt er dafür den Kanzler ausgeliefert. Creedy tötet den Kanzler vor den Augen Vs, der wiederum weigert sich aufzugeben und wird daraufhin mehrere Male von einem Leibwächter Creedys

angeschossen. Aufgrund seiner versteckten Rüstung überlebt V und ist in der Lage Creedy und dessen Männer zu töten. Tödlich verwundet gelingt es V zu Evey zurückzukehren. Er bedankt sich bei ihr, gesteht ihr seine Liebe und stirbt in ihren Armen. Evey platziert Vs Leiche in besagtem Zug, wird aber von Inspector Finch überrascht. Dank seiner erworbenen Kenntnis über das korrupte Norsefire-Regime greift er aber nicht ein, sondern erlaubt Evey, den Zug zu starten. Tausende Bürger Londons, alle unbewaffnet, aber mit Guy Fawkes-Masken verkleidet, marschieren vor dem Parlamentsgebäude auf. Das Militär, auf Befehle von Sutler und Creedy wartend, empfängt die erscheinende Meute regungslos. Kurz darauf erreicht der Zug sein Ziel und das Parlament, sowie der Big Ben, explodieren.

3.2. Dystopische Merkmale

„V wie Vendetta" spielt in einem zukünftigen London, das sich zu einer radikal unfreien Gesellschaft entwickelt hat, die von der faschistischen „Norsefire"-Partei bzw. ihrem Kanzler Adam Sutler, der nicht nur namentlich an Adolf Hitler erinnert, totalitär regiert wird und kann problemlos als politische Zeit-Dystopie identifiziert werden.

Sämtliche, bereits genannten, Charakteristika klassischer Dystopien, lassen sich in „V wie Vendetta" wiederfinden. Zwar wird die Gesellschaft, in der Evey, V & Co. leben, nicht detailliert als isoliert beschrieben, allerdings lassen sich kritische bzw. feindliche Äußerungen zu eigentlichen oder, besser gesagt, ehemaligen Verbündeten , wie den USA, erkennen. Via dem Hauptmedium „Fernsehen" propagierte ein Nachrichtensprecher, „die Stimme Londons", anti-amerikanistische Äußerungen. Die USA, die nicht mehr existiert, existiert nicht mehr, weil sie gottlos geworden sei. Muslime, Homosexuelle, Immigranten, HIV infizierte, die alle samt aus England „entfernt" wurden, hätten dort eine Heimat gefunden. Von daher sei der Untergang Amerikas, der gleichzeitig auch der Untergang des Liberalismus symbolisiert, logisch und die Folge einer nicht bestandenen Prüfung Gottes. Neben der angedeuteten Isolation, lassen sich alleine in diesem Kontext diverse weitere dystopische Elemente erkennen. Einerseits scheint die optimale Gesellschaft, aus Sicht der Machthaber, erreicht, was eine erwünschte Statik bzw. Stagnation zur Folge hätte, andererseits beruht diese Statik auf einer kollektiven Unfreiheit, die sich darin äußert, dass andersgläubige, wie Muslime, oder von der angeblichen „sexuellen Norm" abweichende, wie Homosexuelle, keinen Platz in der Gesellschaft mehr haben. Damit dies auch so bleibt, spielt das Element der Kontrolle bzw. Manipulation eine wichtige Rolle. Diese findet sowohl passiv als auch aktiv statt. Aktiv im Sinne von regelmäßigen Durchsagen, mithilfe von allgegenwärtigen Lautsprechern und häufigen Fernsehansprachen, passiv, dank permanenter Überwachung, durch Kameras oder so genannte „Fingermänner". Die Anzahl potentieller Verstöße ist hoch. Vom Widersetzen gegen, ab und an auch spontan einberufene Ausgangssperren, bis hin zum Missachten der „schwarzen Liste", die verbotene Kunstwerke aller Art

katalogisiert. Der Talkshowmoderator Gordon Dietrich wird bspw. hingerichtet, nachdem eine Ausgabe des Korans bei ihm gefunden wurde.

Auch der Opportunismus, die Heuchelei und die Unaufrichtigkeit der Machtinhaber, sind typisch für dystopische Zukunftsvisionen. Bei „V wie Vendetta" wird deutlich, dass sich z.b. der Kanzel Adam Sutler, selbst nicht an bestimmte von ihm erteilte Verbote hält. Es wird impliziert, dass, neben Kunstwerken, auch Speisen als verboten gelten, die der Kanzler und seine Mitarbeiter aber dennoch beziehen.[49] Auch die Machtergreifung der Norsefire-Partei selbst war nur durch eine perverse Strategie möglich, allerdings wird dazu in Kapitel 5.1. gesondert eingegangen.

Neben den Merkmalen, die auf einen dystopischen Staat hinweisen, existieren darüber hinaus ebenfalls narrative Dystopieelemente. Wirft man einen Blick auf die Protagonisten Evey und Inspector Finch, wird deren Erkennungsprozess mehr als deutlich. Da in Kapitel 5.3. aber nochmal gesondert auf diese Entwicklung eingegangen wird, werde ich es hier nicht weiter spezifizieren.

4. Vaterland

Der Film „Vaterland" beruht auf dem 1992 erschienenen, gleichnamigen Roman von Robert Harris und wurde zwei Jahre später, für das US-amerikanische Fernsehen und unter der Regie von Christopher Menaul, verfilmt.

4.1. Handlung

Der Film beginnt mit Dokumentartaufnahmen des zweiten Weltkriegs. Ein Sprecher weist daraufhin, dass wir uns im Jahre 1965 befinden und erklärt, dass Hitler 1945, nach der gescheiterten Invasion der Alliierten in der Normandie, den Sieg über Europa verkündete. Die USA zogen sich zurück, während im Osten ein ständiger Partisanenkrieg gegen die Sowjetunion tobte. Auch noch 20 Jahre später. Anstatt dort einzugreifen, konzentrierten sich die USA auf den Vergeltungskrieg für Pearl Harbour und siegten über Japan. In den Jahren nach dem Krieg, wurde ein europäisches Land nach dem anderen ein Teil des riesigen Nazireichs.

In den 50er Jahre versuchte Hitler Deutschland einen liberalen Anstrich zu verpassen. Dennoch wurde die Presse weiterhin strengstens zensiert und auch der Krieg mit der Sowjetunion, deren Regierungschef immer noch Joseph Stalin hieß, war immer noch existent. In den USA wurde ein neuer Präsident gewählt: Joseph Kennedy Sr., was eine Beendigung des immer noch brodelnden „kalten Kriegs" mit den USA, sowie sogar eine Allianz mit der USA, im Kampf gegen die Sowjetunion, möglich machte.

---

[49] V macht Evey einen Toast mit Butter, die daraufhin fragt, wo er diese Butter herbekommen habe, da sie, seit sie ein kleines Mädchen ist, keine Butter mehr gegessen habe. V erklärt, dass er einen Lieferwagen, der zu Minister Creedy unterwegs war, überfallen habe und er dadurch auch an die Butter gelangte.

Die Grenzen öffneten sich für amerikanische Journalisten erstmals 1964, da die Weltpresse zu Hitlers 75. Geburtstag eingeladen wurde. Dort setzt schließlich die Handlung ein.

Wir befinden uns in Deutschland, besser gesagt in Germanien, Hauptstadt Deutschlands und neue Weltmetropole. Ein Jogger beobachtet, wie drei Männer einen nackten, toten Mann in einen See werfen und wegfahren. Daraufhin klingelt das Telefon bei Xaver März. Er ist bei der SS, die zur staatlichen Polizeibehörde umfunktioniert wurde, und wird mit dem Mordfall vertraut. Die Leiche wird obduziert und es kommt heraus, dass sie entweder ertrunken ist oder an einem Herzinfarkt starb. Es handelt sich dabei um Josef Bühler, Initiator des jüdischen Umsiedlungsprogramms und ein enger Freund Hitlers, der 1961 wegen unangemessener Nutzung von Staatseigentum in den Ruhestand versetzt wurde. März besucht daraufhin die SS-Kadettenakademie und befragt den jungen Jogger, der die Leiche Bühlers gefunden hat. Dieser erzählt ihm, dass er einen Wagen mit drei Männern gesehen habe, sowie dass der kommandierende General der Gestapo, Odilo „Globus" Globocnik, einer von ihnen war.

Eine amerikanische Journalistin, Charlie McGuire, erhält einen anonymen Brief mit der Bitte, einen Herr Stuckart, der maßgeblichen Schriften zur Rassenfrage verfasst hat und ein Parteimitglied erster Stunde war, in dessen Wohnung zu besuchen. Dort findet sie ihn nackt und erschossen im Bett vor. Anschließend trifft sich März mit McGuire. Sie sehen sich zusammen in Stuckarts Wohnung um, obwohl die Gestapo angewiesen hat, niemanden hineinzulassen.

Nach einem Gespräch mit „Globus", weist der SS-Vorsitzende Nebe März an, die Sache ruhen zu lassen, da die Gestapo mit dem Fall vertraut wurde. Von Neugier und Misstrauen getrieben einigt sich März mit McGuire darauf, zusammen an dem Fall zu arbeiten. Sie zeigt ihm ein Foto, welches ihr anonym zugeschickt wurde und das verschiedene Männer vor einem Gebäude am Wannsee zeigt. Sie fahren zu eben diesem Ort, der inzwischen zu einem Blindenheim umfunktioniert wurde. Der Heimleiter erscheint und erklärt, dass das Anwesen während des Krieges ein Regierungsgebäude war. Eine alte Freundin von März, die im Reichsarchiv arbeitet, erklärt diesem anschließend, dass das Bild 1941-1942 aufgenommen wurde und wohl eine am Wannsee abgehaltene Konferenz zeige. Stuckart, Bühler und andere hochrangige Parteimitglieder, haben bei der Konferenz teilgenommen. Als sie rausfinden, dass alle Teilnehmer dieser Konferenz, außer einem gewissen Franz Luther, tot sind, erkennen beide die Brisanz der Sache. März Bekannte möchte nichts mehr damit zu tun haben und März selbst rät McGuire, Berlin zu verlassen. Aber noch bevor sie abreisen kann, erhält sie einen Brief von Franz Luther, der sie um ein Treffen in einem Zug bittet. Sämtliche Polizeikräfte sind angewiesen, Luther zu

verhaften, da ihm der Kunstschmuggel vorgeworfen wird, weswegen sie bei dem Treffen sehr vorsichtig vorgehen. Luther erklärt ihr, dass er zu den USA überlaufen möchte. McGuire, Tochter eines ehemaligen Botschafters, solle dies mit der amerikanischen Botschaft arrangieren. Im Gegenzug erhalte sie exklusive Informationen über ein schreckliches Verbrechen, für das jeder, der davon wusste, mit der Zeit heimlich von der Gestapo getötet wurde. Luther hat Unterlagen, Dokumente und Beweise darüber. Am Bahnhof kommt es aber zu einer Verfolgungsjagd, in deren Verlauf Luther erschossen wird. März ist ebenfalls anwesend, sieht die Journalistin und bringt diese zum Flughafen.

Die Journalistin weiht März in ihr Treffen mit Luther ein. Sie bringen in Erfahrung, dass Luther eine Affäre mit der Schauspielerin Anna von Hagen hatte. Sich als amerikanische Botschafterin ausgebend, stattet McGuire von Hagen einen Besuch ab. Diese gibt zu, dass sie und Luther sich, auf Rücksicht auf seine Parteikarriere, nur noch heimlich getroffen haben, aber nun gemeinsam in die USA flüchten wollen. Von Hagen überreicht der Journalistin die Papiere, von denen Luther gesprochen hatte. Im folgenden Gespräch kommt heraus, dass die Juden in Deutschland nicht in „Umsiedlungslager" gesteckt wurden, wie immer behauptet wurde, sondern in Konzentrationslager, wo die Juden erst erschossen, später dann vergast und verbrannt wurden. Stuckart, Bühler & Co. waren alle gemeinsam an der Organisation dieser Lager beteiligt. Verstört verlässt die Journalistin das Haus und lässt von Hagen im Glauben, in wenigen Stunden von einem Wagen der amerikanischen Botschaft abgeholt zu werden. Sie zeigt März die Unterlagen, die u.a. Zugfahrpläne und Fotos der Konzentrationslager, bspw. von Leichenbergen, beinhalten. Luther, Stuckart, und Bühler, sowie alle anderen Zeitzeugen, mussten also umgebracht werden, damit diese Informationen nicht irgendwie an die Öffentlichkeit gelangen und so das, für Germanien notwendige, Bündnis mit den USA gefährden. März bricht aufgrund der Erkenntnis, jahrelang ein treuer Diener seines Vaterlands gewesen zu sein, welches fast ein ganzes Volk ausgerottet habe, zusammen und beschließt ebenfalls, zusammen mit seinem Sohn, in die USA zu fliehen.

März besucht seinen Sohn und macht ihm klar, dass sie zusammen in die USA fliehen müssen. Gleichzeitig zeigt McGuire, die von der Gestapo verfolgt wird, die Unterlagen einem Kollegen, der dafür sorgen soll, dass der Präsident diese zu Gesicht bekommt. Plötzlich erscheint die Gestapo bei März. Sein Sohn habe sie angerufen, da sie ihm im Voraus mitgeteilt haben, dass sein Vater krank sei und sie ihm helfen müssen. März versucht zu fliehen, wird dabei aber angeschossen. McGuire und ihr Kollege erreichen rechtzeitig den Wagen des Präsidenten, der gerade zur offiziellen Geburtstagsfeier Hitlers unterwegs ist, und übergeben einem seiner Mitarbeiter die Unterlagen. Noch im Wagen schaut sich der Präsident die Informationen über die Konzentrationslager an und sagt augenblicklich die Teilnahme an der Feier ab. Auch

die Feier selbst wird anschließend abgesagt und, genau wie die Abreise Kennedys, mit einer „bolschewistischen Bombendrohung" erklärt.

März bricht in einer Telefonzelle tot zusammen, nachdem er seinen Sohn anrufen konnte, um diesem mitzuteilen, dass es nicht dessen schuld gewesen sei. Er ermutigt ihn, sich „eigene Flügel wachsen" zu lassen und bittet ihn darum, „ihnen" nichts mehr zu glauben. Aus dem Off berichtet März nun erwachsener Sohn, dass Deutschland ohne die Allianz mit den USA zusammenbrach und sich alles im Land änderte. Es gab zwar immer noch Menschen, die den Holocaust anzweifelten, aber die meisten verschlossen nicht mehr die Augen davor.

4.2. Dystopische Merkmale

Während es zur Natur einer Dystopie gehört, historische oder gegenwärtige Schreckensherrschaften als Vorbilder für Dystopien zu nehmen, basiert „Vaterland" konkret auf einem historischen Ereignis, das kontrafaktisch weitergeführt wurden. Es beruht auf der Vorstellung, wie sich Deutschland bzw. das Weltgeschehen entwickelt hätte, wäre Nazi-Deutschland siegreich aus dem zweiten Weltkrieg hervorgegangen. Somit kann „Vaterland" sowohl als totalitäre Zeit-Dystopie – ebenso wie „V wie Vendetta" - als auch als uchronische Dystopie bezeichnet werden. Eine detaillierte Beschreibung des dystopischen Potentials des dritten Reichs würde hier zu weit führen, dennoch sei gesagt, dass dieses alternativweltgeschichtliche Szenario, seinen dystopischen Charakter im Grunde aus den dystopischen Umständen des Nazi-Deutschlands unter Hitler übernimmt. Nicht nur, dass das dritte Reich als wahrgewordene Dystopie verstanden werden kann, es hat auch zahlreiche literarische Dystopien beeinflusst, vor allem „1984" von George Orwell und auch „V wie Vendetta".

Das Motiv der Isolation ist ein zentrales Thema im Laufe des Films. Denn genau mit dem eigentlich isolierten Status Deutschlands wird gleich zu Beginn der Handlung gebrochen. Zumindest oberflächlich soll der Eindruck erweckt werden, dass Deutschland eine liberalere Haltung im Bezug auf die Außenpolitik einnehmen wird. So werden erstmalig amerikanische Journalisten ins Land gelassen, um ein positives Bild zeichnen zu können. Allerdings werden diese permanent überwacht und von systemkonformen Personen begleitet. Die suggerierte Freiheit ist also nur eine gespielte, die zu Manipulationszwecken vorgegeben wird. Die Isolation bleibt also weiterhin bestehen. Allerdings sind nicht nur die Bürger Deutschlands weiterhin isoliert, sondern auch diejenigen, die ausnahmsweise in das Land hineingelassen werden. Der angebliche Aufbruch der hermetischen Abriegelung dient nicht dazu, die Lebensumstände der Bürger und Bürgerinnen zu verbessern, sondern um eine Fortführung des nationalsozialistischen Reichs, durch Unterstützung von außerhalb,

basierend auf falschen Annahmen einer angeblichen Liberalisierung, gewährleisten zu können.[50]

Wie wir bereits wissen, besteht in „Vaterland" die Gefahr des Untergangs von Hitler-Deutschland. Damit es nicht dazu kommt, braucht es die militärische Unterstützung der USA, die allerdings nur dazu bereit sind, wenn Deutschland seinen totalitären Charakter abgibt. Kleinere, für Deutschland und dessen totalitären Charakter, aber prinzipiell ungefährlich Maßnahmen, wie die (komplett überwachte) Einreise amerikanischer Journalisten, sollen diesen Eindruck erwecken. Tatsächlich soll sich aber innerhalb des Landes nichts ändern. Während außenpolitische Bündnisse zur Machterhaltung geschlossen werden sollen, bleibt die innenpolitische Statik aufrecht bzw. sollen diese außenpolitischen Bündnisse geschlossen werden, um diese innenpolitische Statik überhaupt aufrecht erhalten zu können.

Und genau diese Statik wird durch die Abwesenheit jeglichen Individualismus gewährleistet. Im Kollektiv wird an Hitlers Geburtstag das Deutschlandlied gesungen, in der Kadettenakademie werden gemeinsam Treuebekenntnisse aufgesagt und die obligatorische Begrüßung „Heil Hitler" ist allgegenwärtig. Der Kollektivismus wird durch eine allumfassende, permanente Überwachung garantiert. Dazu dienen nicht nur SS bzw. Gestapo, sondern auch der einfache Nachbar nebenan. Wer sich dem System nicht zu fügen scheint, wird angeschwärzt. Dies zeigt sich u.a. deutlich an der Bekannten Xaver März, die im Reichsarchiv arbeitet und dessen Nachforschungen sofort auf der Polizeibehörde meldet. Auch die verschiedenen Akten bzw. die darin enthaltenen Informationen lassen auf einen intensiven Kontrollmechanismus schließen, denn ansonsten wäre die Beschaffung dieser Informationen nicht möglich gewesen. Zu erklären ist diese Staatstreue, die zu einer Meldung jeglicher vermuteter . Verstöße führt und sowohl Freund als auch Familie vergessen lässt, einerseits durch frühste Indoktrinierung der Ideologie und dem daraus folgenden, tatsächlichen und tief verwurzelten Glauben an die Richtigkeit der totalitären Praktiken, andererseits aber aufgrund von Angst vor Repressalien, bei fehlender Gehorsamkeit.

---

[50] Ähnliches passiert aktuell teilweise in Nordkorea. Auch dort wird partiell Journalisten die Einreise gewährt, allerdings nur um „vorzuspielen" wir vorbildlich die Lage des Landes sei und unter damit einhergehender, permanenter Kontrolle der Journalisten. (Siehe: „Vice Guide To North Korea"; Vice-Magazin, 2008)

5. Vergleichende Dystopiebetrachtung

Im Folgenden werden „V wie Vendetta" und „Vaterland" miteinander verglichen. Dazu werden drei Kategorien aufgestellt, die einerseits charakteristisch für Dystopien sind, sich andererseits hinsichtlich einer Dystopiebetrachtung, vor allem in dem spezifischen Fall, anbieten und mögliche Gemeinsamkeiten, aber auch eventuelle Unterschiede, am signifikantesten hervorheben können. Theoretisch wären noch weitere Vergleichskriterien möglich gewesen, die im Rahmen dieser Seminararbeit aber nicht zu leisten waren. Eine angemessene Übersicht sollte dennoch gewährleistet sein

.

5.1. Machtergreifung/Machtmissbrauch

Die Machtergreifung bzw. Machtübergabe[51] an Adolf Hitler wird in „Vaterland" nicht weiter thematisiert. Kenntnisse über die historischen Ereignisse 1933/1934 müssen, aus Gründen des Umfangs, hier vorausgesetzt werden. Es gibt keinerlei Hinweis darauf, dass in „Vaterland" eine alternative Weltgeschichte vor dem zweiten Weltkrieg, oder, um genauer zu sein, vor 1942, konstruiert wurde, weswegen sowohl das Buch als auch der Film auf den realen Geschehnissen aufbauen. Was allerdings von der Realgeschichte abweicht, ist der Verlauf und der Ausgang des Krieges. Die Invasion der Alliierten in der Normandie ist gescheitert, sodass Hitler 1945 den Sieg über Europa verkünden konnte und so in der Lage war, das Deutsche Reich nach seinen Vorstellungen auszubauen, was die Besetzung Großbritanniens und des europäischen Russlands miteinschließt. Adolf Hitler herrscht also über Europa und konnte seine Vision der Welthauptstadt „Germaniens" verwirklichen. Der Sieg Hitlers war u.a. deswegen möglich, weil die USA sich auf den Vergeltungskrieg gegen Japan konzentrierten und sich aus den innereuropäischen Schlachten raushielten.

Neben der einer vollständigen Nazifizierung und Uniformierung der Gesellschaft, sowie weiteren, daraus resultierenden Auswirkungen auf das Leben in Deutschland, ist die Frage, wie Hitler und seine Schergen ihre Macht missbraucht haben, mit einem Begriff zu beantworten: Holocaust.

Was „Vaterland" so eindringlich und wirkungsvoll werden lässt, ist, dass es eine wahrgewordene Schreckensvision in ein fiktives Gewand presst, weswegen sie, dank ihrer tatsächlichen Existenz, als noch grauenhafter und unglaublicher wahrgenommen wird. Die „Endlösung der Judenfrage", d.h. ihre Verschleppung in verschiedene Konzentrationslager und das durchstrukturierte, geplante Morden von 11Millionen Juden, konnte von den Nazis, dank des für sie positiven Ausgangs des Krieges, geheim gehalten werden. Die Bevölkerung war zufrieden mit der Erklärung, dass die Juden nach Osten umgesiedelt wurden. Niemand fragt weiter nach, denn, wäre es wirklich so gewesen, hätte kein „unbescholtener Bürger" Schmutz an den Fingern.

---

[51]Wendt, Bernd Jürgen: Das nationalsozialistische Deutschland, 2000, S. 88.

Eine zufriedenstellende Lösung für alle. Das Nazi-Regime war in der Lage ihr größtes Verbrechen zu vertuschen und kein Bürger musste sich fragen, ob er nicht etwas hätte tun können. Da Deutschland den Krieg gewonnen hat, kam es zu einer umfassenden Aufklärungsarbeit, die die zahlreichen Konzentrationslager bzw. den Holocaust generell aufgedeckt hätten. Hitler hat es geschafft, seine grausamste Vision zu verheimlichen und musste dazu „nur" ein paar Eingeweihte umbringen lassen. Und so wurde eine wahrhaftig stattgefundene Tragödie zu dem schockierenden Ende, eines fiktiven bzw. kontrafaktischen Romans/Films, wodurch der Holocaust noch mal in einem ganz anderen Licht betrachtet werden konnte.

Ähnlich wie bei „Vaterland" ist es auch bei „V wie Vendetta" so, dass die Regierung Grausamkeiten ihres Handelns verborgen hat bzw. es zumindest versuchte. Allerdings mit dem Unterschied, dass es sich dabei um Geschehnisse während ihrer Regentschaft handelt, die dadurch unter die Kategorie „Machtmissbrauch" fallen, aber auch um Taten, durch die sie überhaupt erst an die Macht kommen konnten. Als die USA, 14 Jahre vor Einsetzen der Handlung, zusammenbrachen, da sie Opfer eines bio-terroristischen Anschlags wurden – der, wie sich später herausstellte, von dem Kern der späteren Norsefire-Partei durchgeführt wurde – der einen Bürgerkrieg im mittleren Westen der Staaten auslöste, hatte auch Großbritannien unter den Folgen zu leiden und verfiel in chaotische Zustände. Dies gab Sutler & Co. die Möglichkeit, mit ihrem reaktionären, ultra-konservativen Programm zunehmendes Gehör bei den verängstigten Bürgern zu finden. So wurden sie zu den Anführern und Initiatoren einer „politisch-reaktionären Säuberung", infolge derer Ordnung wieder hergestellt werden sollte. „Staatsfeinde", d.h. alle, die nicht den „Reinheitsvorstellungen" der Partei entsprachen, verschwanden währenddessen Stück für Stück. Dennoch waren nicht alle Bürger auf Seiten der Partei, da ein Verlust der Individualität und Freiheit erkennbar war. Nach einem bio-terroristischen Anschlag – ebenfalls von der Norsefire-Partei selbst inszeniert – auf eine Schule, eine Wasseraufbereitungsanlage und U-Bahn-Station, stieg die Angst innerhalb der Bevölkerung aber so extrem an, dass die Norsefire-Partei in der Lage war die anstehende Wahl für sich zu entscheiden.

Durch einen selbstständig hervorgerufenen Zustand des Chaos und der Panik, schafften Sutler & Co. es also, überhaupt erst die Grundlage für eine erfolgreiche Wahl bzw. Machtübernahme zu schaffen. In Zeiten der größtmöglichen Angst, sehnten sich die Menschen nach der größtmöglichen Sicherheit. Und dies war es, was die Norsefire-Partei versprach, zu Kosten jeglicher Freiheit, Individualität und Selbstbestimmung. England wurde zu einem höchst totalitären Staat, dessen Maßnahmen aber auch deshalb nicht angezweifelt wurden, weil sie tatsächlich in der Lage waren, Ordnung wiederherzustellen. Denn sie entwickelten bzw. veröffentlichten ein Heilmittel für den, durch ihre eigene bio-terroristische Attacke, freigesetzten Virus.

Der Virus selbst wurde vorher heimlich in speziellen Gefangenenlagern an „sozial Abartigen" oder Regimekritikern getestet.

Dies weist eindeutig Parallelen zur Machtergreifung der Nazis bzw. vieler Diktaturen auf, die die Grundsteine für die eigene Macht selbst legten, indem sie negative Ereignisse inszenierten und diese politischen Feindbildern in die Schuhe schoben[52], um Hass, Furcht und eine generelle Ausnahmesituation zu generieren. Des Weiteren sind die Einrichtungen von speziellen Lagern, wo „Aussätzige" eingesperrt und Experimenten unterzogen werden, ein klarer Verweis auf die Konzentrationslager während des zweiten Weltkriegs bzw. die Arbeitslager der Sowjetunion.

5.2. Adam Sutler = Adolf Hitler? Norsefire = NSDAP?

Es gibt einige Hinweise darauf, dass „V wie Vendetta" nicht nur von anderen Dystopien, wie vor allem „1984" beeinflusst wurde[53], sondern sich, über die bereits erwähnten Parallelen hinaus, ebenfalls konkret vom dritten Reich hat inspirieren lassen. Im Folgenden werde ich auf die verschiedener Motive bei „V wie Vendetta" eingehen, die sich als vom Nationalsozialismus und so eben auch von „Vaterland" beeinflusst, erkennen lassen.

Adam Sutler ist Vorsitzender der Norsefire-Partei und regiert das totalitär geführte England, Adolf Hitler ist Vorsitzender der NSDAP und regiert das totalitär geführte Deutschland. Sowohl Sutler selbst als auch das komplette Regime, sind dabei deutlich an Hitler und die NSDAP angelehnt. Sutler ist ein impulsiv-cholerischer, ungeduldiger Charakter, der gen Ende, als er von Creedy verraten wird und schließlich V gegenübersteht, aber als feige und zwischendurch immer wieder als heuchlerisch entlarvt wird. Optische Gemeinsamkeiten bestehen ebenfalls. So trägt Sutler, wie Hitler, eine gescheitelte Frisur, sowie einen markanten Schnurrbart. Auch phonetisch ähnelt „Adam Sutler" „Adolf Hitler". Sein Auftreten, seine emotional-hysterischen Reden und sein Fanatismus erinnern zwar ebenfalls an Hitler, allerdings auch an verschiedene andere, faschistische Politiker, wie Italiens „Duce" Benito Mussolini oder den britischen Faschisten Oswald Mosley.

Die Ästhetik der Norsefire-Partei weist frappierend Ähnlichkeiten zu der Nazi-Ästhetik der 1930er/1940er Jahre auf: So wird Wert auf ein wiederkehrendes Symbol gelegt, genauer gesagt, auf ein stark rotes Lothringerkreuz, auf schwarzem Grund[54], das als

---

[52] Siehe Reichstagsbrand, 1933; auch wenn die Täterschaft immer noch nicht einwandfrei geklärt ist.

[53] Adam Sutler tritt hauptsächlich über eine große Videoleinwand auf und scheint als Portrait in nahezu jedem gezeigten Haushalt zu hängen. Dies ist scheint eine Reminiszenz an den „großen Bruder" (orig.: „Big Brother") aus „1984". Desweiteren weist der Slogan der Norsefire-Partei, "Stärke durch Einheit, Einheit durch Glaube" (orig.: „Strength through Unitiy, Unity through Faith"), Ähnlichkeiten zu der Aussage „Krieg ist Frieden. Freiheit ist Sklaverei. Ignoranz ist Stärke" (orig.: "War is Peace. Freedom is Slavery. Ignorance is Strength") auf, welche in Orwells Buch afutaucht.

[54] S. Anhang

Referenz an das Hakenkreuz der Nazis angesehen werden kann[55], welches durch Simplizität und Prägnanz besticht und allgegenwertig ist. So findet man es auf Flaggen, Wappen und Armbändern. Nationalistische Parolen[56] und Militarismus, wie marschierende Soldaten während der Reden von Sutler, sind weitere stilistische Hinweise auf das dritte Reich bzw. real existierende, totalitäre Regime.

Neben den bereits erwähnten Parallelen in der Einrichtung von speziellen Lagern, die u.a. zu menschenverachtenden Experimenten an „unreinen Menschen" oder politischen Feinden, gedient haben, ähneln sich die dargestellten Regime in „V wie Vendetta" und „Vaterland" auch darin, dass man die in der Gesellschaft lebenden Menschen als „gläserne Bürger" bezeichnen kann, was das Fehlen jeglicher Privatsphäre bezeichnet und damit einhergehende Strafen für Personen, die sich nicht exakt an die Gesetze halten. In „Vaterland" ist zu sehen, dass zahlreiche Akten über einen jeden Einzelnen existieren, die mit sensiblen Daten gefüllt sind[57], während man in „V wie Vendetta" die Geschichte einer jungen Frau kennenlernt, die, nachdem durch Kontrollmechanismen des Staats, ihre homosexuelle Beziehung zu einer anderen Frau aufgeflogen ist, in eines der genannten Lager verfrachtet wurde, damit Experimente an ihr durchgeführt werden konnten.

Die strikte Ablehnung homosexueller Beziehungen ist eine weitere Parallele beider Regime. Die Freiheit bei der Wahl seiner sexuellen Gesinnung ist genauso non-existent, wie die Religionsfreiheit. Während im dritten Reich bzw. bei „Vaterland" bekanntermaßen Juden das religiöse Feindbild Nummer eins waren, sind es in „V wie Vendetta" Muslime. Dies ist einerseits daran zu erkennen, das Sutler in einer Ansprache explizit darauf eingeht und sich eindeutig gegen den Islam positioniert, andererseits wird die Fernsehpersönlichkeit und Chef von Evey, Gordon Dietrich, hingerichtet, weil bei seiner Hausdurchsuchung eine Ausgabe des Korans gefunden wurde. Darüber hinaus werden in beiden Filmen auch Verbote im Bezug auf Speisen, Bücher, Musikstücke erwähnt, die explizit auf „schwarzen Listen" verordnet sind.

In der Darstellungsweise der Medien ähneln sich „V wie Vendetta" und „Vaterland" ebenfalls. Während bei „Vaterland" sämtliche Fernsehsender von der Regierung kontrolliert werden, wird auch bei „V wie Vendetta" erwähnt, dass die Medien einer starken Zensur unterliegen und größtenteils zu Propagandazwecken genutzt werden, für die es auch jeweils eigens eingeteilte Divisionen gibt.[58]

---

[55] Durch seine Darstellungsform als „doppeltes Kreuz" könnte es aber ebenfalls von dem Wappen der NSDAP beeinflusst worden sein, welches in Charlie Chaplins „Der große Diktator" zu sehen ist.
[56] „England obsiegt!", wird regelmäßig als Abschluss einer politisch motivierten Rede verwendet.
[57] Es wird bspw. genau dokumentiert, wer wann, mit wem und wie lange eine Affäre hatte. (Z:
[58] Bei „V wie Vendetta" heißen die einzelnen Divisionen: „Die Hand" (die verschiedenen, ausführenden Agenten), „Die Finger" (die Geheimpolizei), „Das Auge" (die visuelle Überwachungseinheit), „Das Ohr" (die auditive Überwachungseinheit), „Die Nase" (Das Polizeiministerium) und „Der Mund". Letzteres ist die Bezeichnung für das

5.3. Erkenntnisgewinn der Protagonisten

Wie im Vorfeld bereits erklärt wurde, findet in Dystopien häufig ein Erkenntnisprozess eines Mitglieds der Gesellschaft statt, dass sich über den eigentlich dystopischen Charakter seines Lebensraums bzw. dem totalitären Charakter der Regierung erst nicht bewusst war, wodurch er dann schließlich eine Art „Außenseiter-Status" erlangt. Dieser Erkenntnisprozess wird in beiden behandelten Filmen deutlich und spielt eine zentrale Rolle. Ausgelöst wird er in „Vaterland", von einer Außenstehenden, die also von außerhalb einen Blick auf die Umstände wirft, der dadurch naturgemäß kritischer ist, in „V wie Vendetta" von einem bereits zum Außenseiter gewordenen, eigentlichem Feind des Systems.

Konkret sind es in „V wie Vendetta" gleich zwei Personen, die durch Erkenntnisgewinnung zu Gegnern des totalitären Regimes werden bzw. sind es im Endeffekt natürlich tausende Menschen, die sich auflehnen, deren persönlicher Meinungswandel aber nicht individuell beleuchtet werden kann. Vielmehr symbolisiert der Aufstand der Massen gen Ende den gesellschaftlichen und politischen Paradigmenwechsel, der, egal wie ausweglos die Situation zu sein scheint, noch immer möglich ist, wenn man nur gemeinsam etwas tut und vielleicht noch wichtiger: Überhaupt etwas tut und sich nicht still seinem Schicksal beugt.

Die zwei Personen, die zu Beginn als durchschnittlicher Bürger agieren, sind Evey und Chefinspektor Finch. Evey arbeitet beim British Television Network, dem staatlich kontrollierten Fernsehsender und Chefinspektor Finch ist einer der angesehensten und wichtigsten Männer im Staat. Er ist anwesend bei Sitzungen, während denen Sutler Instruktionen erteilt und ist der verantwortliche Ermittler im Fall „V". Während Eveys Probleme mit dem Regime gleich in der ersten Szene thematisiert werden, als sie beinahe das Opfer einer Vergewaltigung durch die so genannten „Fingermänner" wird, welche nur durch das Eingreifen Vs verhindert werden kann, scheint Finch ein treuer, loyaler Bürger zu sein, der an die Ideologie des Staates glaubt. Zwar ist Evey anfangs noch innerlich zerrissen und kann ihr eigenes Handeln nicht mehr nachvollziehen, als sie V hilft zu flüchten und dabei einen Polizisten niederschlägt, allerdings erkennt sie dennoch schnell, wenn auch durch einen von V inszenierten Gefängnisaufenthalt, den totalitären Charakter des Regimes und wird so ebenfalls zur Freiheitskämpferin gegen die Unterdrückung des dystopischen Polizeistaates. Entscheidend ist aber, dass sie, im Gegensatz zu Finch, von vorne herein subversive Charakterzüge aufweist und durchaus auch unter dem System zu leiden hat. Finch hingegen erfährt keine konkreten Nachteile, ist ein angesehener Mann und hat eine hohe Position inne. Sein geistiger Wandel basiert einzig und allein auf der Erkenntnisgewinnung über die vergangenen Machenschaften der Norsefire-Partei und der Art und Weise wie es ihnen gelang, an die Macht zu kommen. Die

---

Propagandaministerium, dem auch Kontrolle über den Fernsehsender „British Television Network" untersteht.

menschenverachtenden Verbrechen, die er vorher möglicherweise verdrängt hatte, führen dazu, dass er das Regime hinterfragt und vernunftorientiert, sowie empathisch, die vergangenen Ereignisse analysiert. Finch ist zwar durchaus intelligent, was seine Ermittlungsmethoden zeigen, aber auch er lässt sich blenden und hat keinen Grund die Machenschaften der Politik zu hinterfragen. Er steht quasi für den Durchschnittsbürger und ist so einerseits Kritik an der „unkritischen, unpolitischen Masse", andererseits aber auch Rechtfertigung für ausbleibende revolutionäre Handlungen, selbst intelligenter Menschen, die durch eine jahrelange Gehirnwäsche zur politisch angepassten Masse manipuliert wurden. Als „durchschnittlicher Bürger" bleibt ihm aber auch keine andere Wahl, als das Regime abzulehnen, als er es schafft hinter die Fassade zu blicken und Machenschaften erkennt, die jeder „normale Mensch" als grausam und unmenschlich einstufen würde.[59]

Xaver März kann als gleichwertiges Pendant zu Inspektor Finch gesehen werden. Nicht nur, dass beide den gleichen Beruf haben, sprich als Polizeiermittler für die Regierung arbeiten, sie sind auch regierungstreu und loyal. Zwar erscheint auch Xaver März von vorneherein nicht komplett unkritisch, was man bspw. daran erkennt, dass er auf den Hitlergruß nicht immer mit selbigem erwidert, aber in Gesprächen mit der Journalistin Charlie McGuire wird deutlich, dass er sein Land liebt. Umso heftiger ist seine Reaktion, als er herausfindet, dass die Juden nicht nach Osten umgesiedelt, sondern in Konzentrationslagern gefoltert, umgebracht und zu Experimenten missbraucht wurden. Aufgrund dieser Erkenntnis, die er erst nicht wahrhaben will, sodass er die entlarvenden Unterlagen als Fälschung abtut, stellt er sein komplettes Lebenswerk in Frage, da er, wie er selbst sagt, ein loyaler Sohn seines Vaterlandes war und somit sein ganzes Leben lang skrupellosen Mördern gedient habe.
So macht März eine sehr ähnliche Entwicklung wie Finch durch. Vom treuen Polizeiinspektor, der sowohl durch seine eigenen Ermittlungen, als auch beeinflusst von einer jungen Dame, die als regierungskritisch bzw. sogar regierungsfeindlich eingestuft werden kann, einen Erkenntnisprozess durchmacht, der im Endeffekt sogar dazu führt, dass das jeweilige Regime zusammenbricht. Finch ermöglicht Evey nämlich erst, den von V geplanten Anschlag auf das Regierungsgebäude durchzuführen und so die revolutionären Aktivitäten abzuschließen, obwohl er es hätte verhindern können, während März McGuire sogar dabei unterstützt, die nötigen Unterlagen zum Beweis des Holocausts, an den US-Präsidenten zu übergeben, der daraufhin Germanien verlässt, wodurch es langfristig zum Untergang des deutschen Reichs unter Adolf Hitler kommt.

---

[59] Konkret geht es um die grausamen Experimente an Menschen in Larkhill, sowie die, dem Wahlsieg vorausgegangen, Anschläge der Norsefire-Partei auf unschuldige Bürger bzw. Einrichtungen.

6. Fazit

Die Absicht der vorliegenden Arbeit war es, sich mit zwei dystopischen Filmen zu beschäftigen, die bisher einerseits keine besondere Beachtung in wissenschaftlichen Arbeiten gefunden haben, andererseits aber dennoch ergiebig für einen vergleichende Dystopiebetrachtung scheinen.

Nachdem eine begriffliche Einführung in die Thematik „Utopie/Dystopie" erfolgt ist und dementsprechend Merkmale und Motive der literarischen Gattung der Dystopie herausgestellt wurden, konnten die ausgewählten Filme, „V wie Vendetta" und „Vaterland", auf eben diese Eigenschaften untersucht werden, wodurch sie eindeutig als filmische Dystopien charakterisierbar waren. Dabei treibt „Vaterland" eine real-historische Epoche, die man durchaus selbst schon als „wahrgewordene Dystopie" beschreiben könnte, auf die Spitze, in der das Ziel der damaligen Machthaber kontrafaktisch als erreicht beschrieben wird. Diese uchronische Weiterführung tatsächlicher Ereignisse, verstärkt den dystopischen Charakter dieser Epoche zusätzlich und hebt auch eben diese dystopischen Eigenschaften hervor.

„V wie Vendetta" erzählt von einem ähnlichen Szenario, welches allerdings nicht diesen konkreten, geschichtlichen Bezug hat, also quasi komplett fiktiv erscheint, sich bei näherem Hinsehen aber dennoch an geschichtlichen Ereignissen orientiert.

In der vergleichenden Betrachtung konnten zahlreiche Parallelen herausgestellt werden, welche klar werden ließen, dass „V wie Vendetta" sich, was die politische Struktur des Staates, sowie die generelle dystopische Ästhetik, von der Zeit des Nationalsozialismus bzw. der geschilderten Verhältnisse in „Vaterland" beeinflussen lies. Es wird zwar kein namentlicher Bezug genommen, aber die Gemeinsamkeiten sind eindeutig.

Im Rahmen dieser Seminararbeit war es nicht mehr möglich, auf die literarischen Vorlagen einzugehen. Bei Recherchearbeiten erwiesen sich der Roman „Vaterland", sowie die Comicversion von „V wie Vendetta" als komplexer, weswegen eine Analyse den Umfang dieser Arbeit gesprengt hätte. Dennoch würde sich eine Betrachtung der Vorlagen für die vorgestellten Verfilmungen für zukünftige Arbeiten sicherlich anbieten. Möchte man beide Werke jeweils unabhängig voneinander behandeln, scheint es sinnvoll zu sein, „V wie Vendetta" mit „1984" von George Orwell in Bezug zu setzen. Denn, wie schon am Rande erwähnt wurde, fallen auch hier einige Gemeinsamkeiten ins Auge, die bei näherer Betrachtung möglicherweise zu interessanten Ergebnissen führen könnten. Bezüglich „Vaterland" wäre eine Untersuchung vorstellbar, die darauf abzielt, inwiefern die von Robert Harris dargestellte Version eines siegreichen Hitler-Deutschlands mit den tatsächlichen Zukunftsvorstellungen eines Adolf Hitlers übereingestimmt hätte.

7. Quellenverzeichnis

7.1. Bibliographie

- Affeldt-Schmidt, Birgit: *Fortschrittsutopien – Vom Wandel der utopischen Literatur im 19. Jahrhundert.* Stuttgart: Metzler, 1991

- Ahrbeck, Rosemarie: *Morus - Campenella – Bacon – Frühe Utopisten.* Leipzig: Urania Verlag, 1977

- Daller, Josef Xaver: *Dierchomai Dystopia – Dunkle Visionen & Lichte Bilder.* München: Grin, 2010

- Erzgräber, Willi: *Utopie und Anti-Utopie.* München: Fink, 1985

- Haufschild, Thomas; Hanenberger, Nina: *Literarische Utopien und Anti-Utopien – Eine vergleichende Betrachtung.* Wetzlar: Förderkreis Phantastik, 1993

- Hickethier, Knut: *Film- und Fernsehanalyse.* Stuttgart: Metzler, 1996

- Horkheimer, Max: *Die Utopie.* In: Neusüß, Arnhelm (Hrsg.): *Utopie. Begriff und Phänomen des Utopischen.* Berlin: Luchterhand, 1968

- Meyer, Stephan: Die *anti-utopische Tradition – Eine ideen- und problemgeschichtliche Darstellung.* Frankfurt am Main (u.a.): Peter Lang, 2001

- Müller, Andre: *Film und Utopie – Positionen des fiktionalen Films zwischen Gattungstradition und gesellschaftlichen Zukunftsdiskursen,* Berlin: Lit, 2010

- Nagl, Manfred: *Science Fiction. Ein Segment populärer Kultur im Medien- und Produktverbund.* Tübingen: GNV, 1981

- Neumann, Thomas: *Utopia in Dystopia? – Untersuchungen zum utopischen Potential von Gegenwelten im dystopischen Roman.* Grin Verlag, 2009

- Pongratz, Gregor (Hrsg.): *Spielfilm-Interpretation und ,spielerische' Film-Gestaltung mit Musik.* Hildesheim: Olms, 2006

- Saage, Richard: *Politische Utopien der Neuzeit.* Bochum: Winkler, 2000

- Sargent, Lyman Tower: *Three Faces of Utopianism Revisited.* Penn State University Press, 1994

- Schäfer, Martin: *Science-Fiction als Ideologiekritik – Utopische Spuren in der amerikanischen Science-Fiction Literatur 1940-1955.* Stuttgart: Metzler, 1977

- Tölke, Susanne: *Utopie und Dystopie.* Audio Book: Bayrischer Rundfunk, 1998

- Wagga, Warren: *H.G. Wells and the World State.* New Haven: Yale University Press, 1961

- Walsh, Chad: *From Utopia To Nightmare.* London: Geoffrey Bles, 1962

- Weber, Hartmut: *Die Außenseiter im anti-utopischen Roman.* Frankfurt am Main: Lang, 1979

- Wendt, Bernd Jürgen: *Das nationalsozialistische Deutschland – Beiträge zur Politik und Zeitgeschichte*. Hrsg. von der Landeszentrale für politische Bildungsarbeit Berlin, Opladen: Leske + Budrich, 2000

- Zeißler, Elena: *Dunkle Welten – Die Dystopie auf dem Weg ins 21. Jahrhundert*. Marburg: Tectum, 2008

- Zyber, Erik: Homo *Utopicus – Die Utopie im Lichte der philosophischen Anthropologie*. Würzburg: Königshausen & Neumann, 2007

7.2. Filmographie

- „V wie Vendetta", Regie: James McTeigue, Warner Home Video DVD, 2007

- „Vaterland", Regie: Christoph Menaul, Warner Home Video VHS, 1994

8. Anhang

(Quelle: http://3.bp.blogspot.com/_xZJJnE--
nE8/S7UrkgNJ0cI/AAAAAAAAAoE/7ec8vOxwfFQ/s1600/norsefire1.jpg)